SPIEL UND SPASS
für Ihr kleines Kind

1. Auflage 1994

Herausgeber: bieco Verlag
Konzept und Realisation: Karana GmbH
31311 Uetze/Dedenhausen
Text: Christine Epler
Redaktion: Uta Preuße
Illustration: Rosemarie Tobinski
Layout: Ilka Eitz
Satz: Heide Hitzemann
Printed in Germany

ISBN 3-930542-02-1

EINLEITUNG

Beschäftigt sich ein Kind mit einem Spielzeug, können Sie dabei beobachten, wie es sich völlig auf diesen Gegenstand konzentriert. Faszinierend, mit welcher Hingabe das Kind ihn entdecken, erforschen und ausprobieren möchte.

So stellt jedes Spielzeug, das Sie Ihrem Kind in die Hand geben, ein Lernangebot dar. Es sollte allerdings dem jeweiligen Entwicklungsstand des Kindes entsprechen. Denn das bestimmte Spielzeug kann nur dann angenommen und verstanden werden.

Dieses Buch ist eine Anleitung zur Beschäftigung und eine Hilfe bei der Spielzeugauswahl nach entwicklungspädagogischen Gesichtspunkten, so daß Sie Ihrem Kind eine gezielte Frühförderung und ein schöpferisches, freies Spielen ermöglichen können.

Geben Sie Ihrem Kind die Entfaltungsmöglichkeiten, die es braucht, um Phantasie, Neugier, Lebendigkeit und Begeisterung zu entwickeln.

Nutzen Sie die ersten Jahre im Leben Ihres Kindes, um die vorhandenen Begabungen und Fähigkeiten zu wecken und zu fördern.

INHALT

Optische Wahrnehmung

1. Ihr Kind entdeckt seine Umwelt

Ein Baby beginnt erst einige Wochen nach der Geburt aufmerksam seine Umgebung wahrzunehmen. Es reagiert immer intensiver auf hell und dunkel, nimmt Farbunterschiede wahr und lernt, seine Augen auf bestimmte Gegenstände zu richten. Dabei kann das Baby sie jedoch noch nicht unterscheiden oder zuordnen. Vor allem etwas Buntes und Bewegtes regt das Neugeborene an „hinzusehen". Im Bett des Kindes sollte immer etwas Spielzeug (aus Holz oder Plastik) liegen, mit dem es sich beschäftigen kann. Es erforscht diese Gegenstände auch durch das „In-den-Mund-nehmen". Auf diese Weise entdeckt das Neugeborene seine Umwelt und lernt, mit ihr umzugehen.

BESCHÄFTIGUNGSANGEBOTE (ab Geburt):

- Ihr Kind sollte viel Buntes und Bewegtes zu sehen bekommen. Hängen Sie an den Seiten des Kinderbettchens etwas Buntes auf, das die Aufmerksamkeit des Babys weckt: zum Beispiel einen blauen Waschlappen oder ein rotes Tuch.
Wenn Ihr kleines Kind mit seinen Armen und Beinen spielt, wird dieses Spiel durch farbige Strampelhöschen und Söckchen besonders interessant.
- Das Baby wird auch von einem bunten Mobile über

dem Bettchen zum Beobachten und Hinsehen angeregt.

- Zeigen Sie Ihrem Kind seine Umgebung, indem Sie es in der Wohnung herumtragen oder ihm den Garten zeigen und „erklären".
- Sie können gemeinsam mit Ihrem Kind einen Gegenstand betrachten, wobei Sie ihn oft vor seinen Augen drehen und wenden.
- Unterstützen Sie die „In-den-Mund-nehmen"-Phase Ihres Kindes, indem Sie ihm durch Betasten und Belecken von Gegenständen eine wichtige Lernerfahrung ermöglichen.
- Das Entdecken der Umwelt beginnt im Kinderwagen oder Bettchen Ihres Kindes. Darum sollte dort immer etwas zum Begucken oder Greifen bereitliegen.

Ihr zwei Monate altes Kind findet es sehr amüsant, wenn Sie mit ihm Verstecken spielen. Der ständige Wechsel zwischen Anspannung und Entspannung ist etwas sehr Reizvolles für Ihr Kind. Es beobachtet, wartet, ist gespannt, bis sich die Spannung auflöst, indem Sie oder ein Gegenstand wieder zum Vorschein kommt:

- Verstecken Sie vor den Augen Ihres Kindes ein Spielzeug oder einen Gegenstand. Wenn Sie diesen Gegenstand dann wieder „herbeizaubern", wird Ihr Kind sich mit großer Freude daran erinnern. Sie sollten den Gegenstand auch benennen.

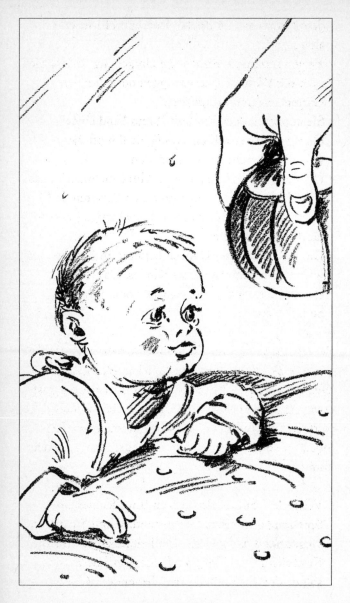

- Verstecken Sie Ihr Gesicht hinter Ihren Händen. Blinzeln Sie dabei durch die Finger oder seitlich an der Hand vorbei. Beim Wegnehmen der Hände sagen Sie „Hallo" oder „Kuckuck".
- Zeigen Sie Ihrem Kind einen Teddy und verstecken ihn hinter Ihrem Rücken. Lassen Sie ihn langsam zum Vorschein kommen, noch einmal verschwinden und schnell wieder auftauchen.

2. Was die Augen Ihres Kindes erkennen

Die Augen Ihres kleinen Kindes erkennen schon eine ganze Menge. Da sind bekannte und vertraute Gesichter, das kleine, kuschelige Stofftier und das Lieblingsspielzeug. Im Alter von etwa 15 Monaten lernt das Kind Gegenstände zuzuordnen und zu unterscheiden. Beim Anschauen von Bilderbüchern entdeckt das Kind Gegenstände aus seiner nächsten Umgebung, die es wiedererkennt und zuordnen kann. Auch das Entdecken von neuen, interessanten Dingen bereitet dem Kind immer wieder Freude.

BESCHÄFTIGUNGSANGEBOTE (ab 17 Monate):
- Beginnen Sie mit Zuordnungsübungen, bei denen Ihr Kind Gegenstände aus seiner nächsten Umgebung auf einer Abbildung oder in einem Bilderbuch wiedererkennen kann. Dabei muß der Gegenstand mit dem Bild völlig identisch sein. So können Sie Ihrem Kind zum Beispiel eine Apfelsine zeigen und dann die Abbildung im Bilderbuch. Sie trainieren so

das zwei- und dreidimensionale Sehen. Die Abbildungen sollten nicht zu klein, in klaren Grundfarben und deutlich, ohne Details, abgebildet sein.

- Lassen Sie Ihr Kind dabei zusehen, wie Sie einen Karton oder Koffer mit verschiedenen Gegenständen und Materialien füllen. Beim Herausnehmen der Sachen wird die Aufmerksamkeit Ihres Kindes geweckt, außerdem erinnert es sich an den ein oder anderen Gegenstand. Lassen Sie Ihr Kind ruhig auch selbst die unbekannten Dinge erforschen. So lernt es verschiedene Materialien, Größen, Farben und Formen kennen. Sie fördern damit auch das Interesse für Neues.

3. Wie Ihr Kind seinen Körper erforscht

Es ist schon faszinierend für ein 1 1/2jähriges Kind, wenn es bemerkt, daß sein Körper etwas ganz Besonderes ist: Es kann fühlen, mit den Ohren viele verschiedene Geräusche hören und mit den Augen immer wieder etwas Neues entdecken. Betrachtet das Kind seinen Lieblingsteddy ganz genau, sieht es, daß der Teddy oder die Puppe die gleichen Körperteile haben wie es selbst. Das Kind beobachtet seinen Körper immer besser und lernt das Geheimnisvolle und Unfaßbare, was mit dem kleinen Körper geschieht, kennen.

BESCHÄFTIGUNGSANGEBOTE (ab 18 Monate):

- Wenn Ihr Kind beginnt, seinen Körper zu entdecken, können Sie ihm vieles spielerisch erklären.

Stellen Sie sich mit Ihrem Kind vor einen Spiegel und nennen Sie das Spiegelbild beim Namen.

- Lassen Sie Ihr Kind nackt seine Körperteile entdecken. Benennen Sie sie, indem Sie sagen: „Das ist der Bauch von Julia", tippen Sie den Bauch dabei an.
- Ihr Kind erkennt bald seine Hände, seine Füße, die Nase und die Ohren an anderen Personen und Puppen wieder. Nennen Sie diese Körperteile beim Namen: „Das ist Teddys Ohr, und das ist Julias Ohr", damit Ihr Kind den Zusammenhang erkennt.
- Ihr Kind sollte seinen Körper nicht nur ansehen, sondern auch schon fühlen. Beim Wickeln und Anziehen können Sie kleine Spiele mit verschiedenen Körperteilen machen: Jeden einzelnen Zeh antippen oder die Arme rhythmisch auf und ab bewegen.
- Lassen Sie Ihr Kind viel Körper- und Hautkontakt spüren, wenn Sie es auf dem Arm tragen.
- Ihr Baby lernt den Körper auch kennen, indem es Ihr Ohr oder Ihre Nase berühren darf, lassen Sie Ihrem Kind die Freiheit. Es lernt, selbständig nach Unerforschtem zu sehen und es auszuprobieren. Außerdem erfährt es dabei, seine Kräfte einzuschätzen und zu kontrollieren.

4. Ihr Kind spielt mit Formen und Größen

Das zweijährige Kind kennt schon eine Vielzahl von Bildern, Formen, Farben und Größen. Es versucht spielerisch, bekannte Formen und Größen, zum Beispiel Bauklötze, zu sortieren und zuzuordnen. Dabei braucht das Kind viel Geduld und Ausdauer, es muß sich gut konzentrieren. In diesem Alter entdeckt das Kind die Welt nach dem Versuch-Irrtum-Prinzip, zum Beispiel beim Zusammensetzen eines Puzzles. Mit großem Interesse ist das Kind dabei, Neues auszuprobieren und Bekanntes genauer und auch schneller zu bewältigen.

SPIEL- UND BESCHÄFTIGUNGSANGEBOTE
(ab 18 Monate):

- Sie und Ihr Kind sollten mit Sortierübungen beginnen. Dazu können Sie kleine und große Gegenstände benutzen, die jedoch zuerst die gleiche Farbe und Form haben sollten. Wichtig ist, daß Sie Ihrem Kind das, was Sie von ihm verlangen, erst einmal selbst vormachen. Danach ist Ihr Kind dann an der Reihe, es selbst auszuprobieren. Helfen Sie ihm, wenn das Vorhaben beim ersten Versuch scheitert.
- Nehmen Sie alltägliches Spielmaterial, um zu üben. Es eignen sich Bauklötze, Schuhe oder Löffel. Ihr Kind legt zum Beispiel alle kleinen Löffel zusammen und alle großen Löffel.
- Später können Sie mehrere Größenunterscheidungen vornehmen. Ihr Kind sortiert die Gegenstände nach der Größe, wobei das Spiel nun auch schon mit

verschiedenen Gegenständen durchgeführt werden kann. Es sollte für Ihr Kind jedoch überschaubar bleiben, damit es nicht überfordert wird.

- Zeigen Sie Ihrem Kind verschieden große Becher, die es nach der Größe ordnen und dann ineinanderstecken soll. Danach kann es aus den Bechern einen Zug bauen, indem es sie hintereinander der Größe nach aufstellt. Anschließend können die Becher wieder der Reihe nach übereinander gestülpt werden.

- Gut geeignet sind auch die sogenannten „Legeleisten". Verschiedene Formen und Größen passen in Vertiefungen, die sich in einer dafür geeigneten Holzplatte befinden. Ihr Kind kann selbständig ausprobieren, welche der unterschiedlichen Formen in die richtige Vertiefung paßt.

- Sehr beliebt ist auch die sogenannte „Formenbox". Ihr Kind macht unbewußt Erfahrungen mit unterschiedlichen Formen, indem es versucht, sie in die passende Öffnung zu stecken.

- Ihr Kind möchte in dieser Entwicklungsphase viel Neues ausprobieren, experimentieren und üben. Darum sind Puzzles, die aus wenigen Teilen bestehen, besonders geeignet. Das Kind lernt den Versuch und den Irrtum kennen. Es hat bald große Freude daran, ein schon oft gemachtes Puzzle immer wieder zu puzzeln.

FÖRDERBEREICH 2:
Vom Hören und Zuhören

1. Was das Ohr erfährt

Nach der Geburt ist das Baby zunächst nur in der Lage, reflexartig zu hören. Es nimmt jedoch sofort durch Schreien und Gefühlslaute Kontakt zur Umwelt auf.

Das Kind weiß noch nicht, welche Bedeutung das gehörte Geräusch, der Ton oder die Stimme einer Person hat. Es kann das Gehörte erst einmal nur wahrnehmen. Später versucht es dann, durch einen Blick oder durch Greifen zu erforschen, wo das Geräusch herkommt.

Bald werden ihm bestimmte Laute vertraut, zum Beispiel die Stimme der Mutter oder das Geräusch der Spieluhr neben seinem Bett.

Das Baby hat sehr viel Freude beim Nachahmen von Tönen. Eine Verständigung mit der Umwelt beginnt.

SPIEL- UND BESCHÄFTIGUNGSANGEBOTE
(ab Geburt):
- Sprechen Sie von Anfang an so mit Ihrem Kind, als könnte es Ihre Worte verstehen. Es weiß zwar noch nicht, was das Gesprochene bedeutet, aber Ihr Kind merkt, daß Sie Kontakt zu ihm aufgenommen haben.
- Begleiten Sie Ihre Handlungen durch Sprache, zum Beispiel: „So, nun ziehe ich dir die Söckchen an."
- Sie können auch mal flüstern oder eine Melodie summen, so erkennt Ihr Kind die verschiedenen Variationen des Sprechens und reagiert entsprechend.

- Es gibt einige Möglichkeiten, Ihr Kind mit unterschiedlichen Lauten vertraut zu machen. Wichtig ist jedoch, daß Sie es auch mit den „Ohren" am täglichen Leben teilnehmen lassen.
Lauschen Sie gemeinsam bestimmten Geräuschen und Tönen, zum Beispiel einer Uhr, einem tropfenden Wasserhahn oder Tierlauten in der Natur.
- Fordern Sie Ihr Kind auf, den Ursprung der Geräusche zu erforschen.
- Geben Sie ihm die Möglichkeit, neue Töne zu entdecken und besondere Klänge durch Klopfen oder Schlagen gegen einen Gegenstand selbst auszuprobieren. Ihr Kind reagiert besonders aufmerksam auf angenehme Einzeltöne, zum Beispiel vom Klavier, einer Flöte oder einer Glocke.
- Machen Sie Ihr Kind mit dem Geräusch einer Rassel oder anderem Spielzeug vertraut. Es hat später viel Freude daran, sie allein halten und selbst Geräusche damit machen zu können.
- Nicht nur im Haus, sondern auch draußen in der Natur gibt es Interessantes zu hören. Lassen Sie Ihr Kind zahlreiche Töne im Garten, auf der Straße, im Wald entdecken. Erklären Sie ihm, wo diese Laute herkommen. Zeigen Sie ihm die Tiere und Sachen, die Geräusche machen.
- Sie können mit Ihrem Kind zusammen Laute und Töne nachahmen oder auch mal in der „Babysprache" mit ihm sprechen.

Bitte-Danke

Alter: ab 6 Monate

Geben Sie Ihrem Kind ein Spielzeug in die Hand.
Dann sagen Sie „Bitte, gib mir die Rassel", wobei Sie
die Hand danach ausstrecken. Sie nehmen Ihrem Kind
die Rassel wieder weg und sagen „Danke". Üben Sie
das Bitten und Danken immer wieder, dann kann Ihr
Kind die Wörter „bitte" und „danke" bald verstehen
und später auch selbst anwenden.

Begrüßen und Verabschieden

Alter: ab 6 Monate

Verabschieden Sie sich nie kommentarlos von Ihrem
Kind, sondern kurz, aber herzlich und immer mit
denselben Worten oder Gesten. Zum Beispiel mit
einem Kuß oder einer Umarmung. Winken Sie ihm
im Weggehen zu und sagen Sie „Auf Wiedersehen"
oder „Tschüß".
Üben Sie das Begrüßen und Verabschieden, indem Sie
eine Handpuppe zur Hilfe nehmen. So lernt Ihr Kind
spielerisch und hat viel Spaß dabei.

2. Der Entdeckungseifer wird geweckt

Im Alter von 1 1/2 Jahren geht das Kind von der Nachahmungsphase zur Entdeckungsphase über. Es möchte das, was rundherum passiert, besser kennenlernen, sich intensiver damit beschäftigen. Das Kind ist mit dem einfachen Hören und Sehen nicht mehr zufrieden, es möchte bestimmte Tätigkeiten praktisch ausführen und dabei seine eigenen Erfahrungen machen.

Das zweijährige Kind ist sehr begeisterungsfähig. So kann es zum Staunen gebracht werden, wenn es beim Angucken eines Bilderbuches entdeckt, daß Gegenstände und Worte zusammengehören.

SPIEL- UND BESCHÄFTIGUNGSANGEBOTE (ab 16 Monate):

- Ihr Kind ist jetzt in der Lage, Gegenstände, die ihm vertraut sind, zu benennen, indem es Worte nachahmt. Sie können mit einfachen Begriffen beginnen: Mama, Papa, Auto, Puppe oder Auge, Nase, Mund.
- Sie zeigen Ihrem Kind einen Gegenstand und benennen ihn. Anschließend nennen Sie den Namen des gezeigten Gegenstandes und lassen ihn von dem Kind zeigen oder aus einem Haufen von Spielsachen heraussuchen. Später soll Ihr Kind einen gezeigten Gegenstand benennen.
- Natürlich klappt das nicht immer auf Anhieb, aber mit der Zeit lernt Ihr Kind, mit Namen und Begriffen umzugehen. Es merkt, daß jeder Gegenstand, jede Person und Sache einen bestimmten Namen hat.

- Die ersten, einfachen Bilderbücher eignen sich gut, um verschiedene Dinge aus der bekannten Umgebung wiederzuerkennen und beim Namen zu nennen.
- Lassen Sie Ihr Kind in warmem Wasser mit Händen und Füßen planschen, so lernt es wieder etwas Neues kennen, was ihm zuerst vielleicht noch unangenehm erscheint. Später wird es viel Spaß daran haben, im Wasser zu spielen.
- **Übrigens:** Die „Spielaufforderung" ist wichtiger, als eine „Spielleitung". Ihr Kind erlangt sein Selbstbewußtsein, seine Erfahrungen und Erkenntnisse nur durch selbständiges Ausprobieren.
- Erlauben Sie Ihrem Kind, viele verschiedene Dinge „anzufassen" und „auszuprobieren". Sagen Sie nicht „igitt" oder „bäbä", denn für Ihr Kind ist es wichtig, immer neue Erfahrungen zu sammeln. Trotzdem sollten Sie auf Gefahren hinweisen.
- Nehmen Sie sich die Zeit für einen Spaziergang durch die Natur und auch durch die Stadt, da gibt es für Ihr Kind viel zu entdecken und zu bestaunen.

Scharfe Ohren

Alter: ab 4
Teilnehmer: ab 2
Material: eine Uhr

Einem Kind werden die Augen verbunden. Es sitzt mitten im Zimmer und horcht. Denn irgendwo ist eine Uhr versteckt. Es soll sie so schnell wie möglich finden. Dabei darf es aber nur krabbeln und kriechen. Für dieses Spiel braucht Ihr Kind vor allem Phantasie, Vorstellungskraft und Konzentrationsvermögen. Und natürlich auch „scharfe Ohren".

Blume entdeckt!

Alter: ab 4
Teilnehmer: ab 4

Ein Kind denkt sich eine Sache oder mehrere Gegenstände aus, die im Haus bzw. im Garten zu finden sind. Jedes der übrigen Kinder muß sie so schnell wie möglich herbringen. Zum Beispiel: 5 Bauklötze oder 2 Löffel holen, einen Stein finden, 10 Eicheln suchen oder 3 verschiedene Blumen bringen.

3. Sprechen und Erleben mit Farben und Zahlen

Die Freude am Sprechen ist für das Kind im Alter von 2 1/2 Jahren besonders groß. Es versucht nun, weniger durch Laute, sondern durch zusammenhängende Worte, sprachlichen Kontakt zur Umwelt aufzunehmen. Damit hat es nun die Möglichkeit, sich anderen mitzuteilen. Das Kind versucht, Sätze zu bilden, und lernt sich auszudrücken. In dieser Entwicklungsphase übt das Kind auch, mit Farben- und Zahlenbegriffen umzugehen, indem es Farben und Mengen spielerisch kennenlernt.

SPIEL- UND BESCHÄFTIGUNGSANGEBOTE
(ab 2 1/2 Jahre):

- Die Bilderbücher, die Ihr Kind zuerst zum Hinschauen angeregt haben, fordern es jetzt zum Erzählen und Sprechen heraus.
- Sie können Ihrem Kind ein Bilderbuch vorlesen, wobei Sie gemeinsam die Bilder darin ansehen. Anschließend ist Ihr Kind an der Reihe. Während Sie und Ihr Kind das Buch noch einmal ansehen, erzählt das Kind die Handlung der Geschichte. Gehen Sie dabei seitenweise vor. Fordern Sie die Phantasie Ihres Kindes heraus, lassen Sie es über die Geschichte hinaus erzählen, was es sich vorstellt.
- Beim Üben von Farb- und Zahlenbegriffen sollte das vertraute Spielzeug oder andere bekannte Gegenstände benutzt werden.
- Sortieren Sie mit Ihrem Kind die verschiedenfarbigen Bauklötze nach Farben. Lassen Sie es

türme" in einer Farbe bauen, die es anschließend zählen und umwerfen kann.

• Immer wenn Sie mit Ihrem Kind „unterwegs" sind, nutzen Sie die zahlreichen Möglichkeiten, Dinge zu zählen und Farben zu benennen.

4. Zuhören

Eine sehr wichtige Voraussetzung für das Sprechen ist das konzentrierte Zuhören. Dabei wird das Kind oft von äußeren Reizen abgelenkt. Es hat Schwierigkeiten, sich intensiv nur mit einer Sache zu beschäftigen. Darum sollte das Kind schon im Alter von 3 Jahren mit dem Zuhören vertraut gemacht werden. Es lernt zum Beispiel, sich spielerisch auf eine Geschichte zu konzentrieren. Das Kind sollte das Gehörte verstehen können und dabei nicht abgelenkt werden.

SPIEL- UND BESCHÄFTIGUNGSANGEBOTE
(ab 3 Jahre):

LUSTIGE LATERNENLIEDER:

Ich geh' mit meiner Laterne
und meine Laterne mit mir.
Die Sonne, der Mond und die Sterne,
die leuchten dir und mir.
Mein Licht ist aus, wir geh'n nach Haus',
rabimmel, rabammel, rabum.

Laterne, Laterne, Sonne, Mond und Sterne,
brenne aus mein Licht,
brenne aus mein Licht,
aber nur meine liebe Laterne nicht.
Laterne...

Vor einem Laternenumzug können Sie mit Ihrem
Kind das „Auswendiglernen" der Lieder üben. Am
besten sprechen Sie den Text erst einmal vor und Ihr
Kind spricht ihn nach. Dann können Sie das Lied
auch vorsingen, das prägt sich besonders gut ein. Anschließend versuchen Sie es gemeinsam mit Ihrem
Kind zu singen.

LUSTIGE VERSE:

Herr Schneck
Herr Schneck mit seinem Versteck
kommt so rasch, daß es braust,
um die Ecke gesaust.
Da schreit er laut: Halt!!!
Fast wären wir zusammengeknallt!
Herr!!! Sehen Sie nicht, daß ich
die Vorkriech habe?
Sie sind vielleicht ein Unglücksrabe!
Beinahe hätte es einen Unfall gegeben,
mir verdanken Sie, daß Sie noch leben!
Sie haben wohl keinen Kriecherschein?
„Nein!" brummte der Stein.

Graumäuschen

Grau-Grau-Mäuschen,
bleib' in deinem Häuschen!
Frißt du mir mein Butterbrot,
kommt die Katz' und holt dich fort.
Grau-Grau-Mäuschen,
bleib' in deinem Häuschen.

Diesen Vers können Sie mit Ihrem Kind auswendiglernen, so daß es ihn vor jeder Mahlzeit aufsagen kann.

Verschwundener Gegenstand

Alter: ab 4
Teilnehmer: bis 10
Material: verschiedene Gegenstände

Die Kinder sitzen im Kreis. Fünf (oder weniger) Kinder dürfen sich je einen Gegenstand ausdenken. Er
muß sich im Raum befinden und darf nicht zu groß
sein. Ein Kind wird ausgesucht, es muß sich die Be-
griffe gut einprägen. Nun verläßt dieses Kind den
Raum, während die anderen Kinder vier der genannten
Gegenstände auf einen Tisch in der Mitte des Kreises
legen. Das Kind darf wieder hereinkommen und sieht
sich die Gegenstände auf dem Tisch genau an. Dann
muß es den Gegenstand nennen, der zwar genannt
wurde, aber nicht auf dem Tisch liegt. Das Spiel
beginnt von vorne mit anderen Gegenständen.

Bello, dein Knochen ist weg

Alter: ab 4
Teilnehmer: bis 10
Material: ein Schlüsselbund o.ä.

Die Kinder sitzen in einem Kreis. Ein Kind wird
ausgesucht, der Hund „Bello" zu sein, der sich in der
Mitte des Kreises in die Hocke setzt.
„Bello" hält sich die Augen zu, und auf seinen Rücken
wird ein Schlüsselbund gelegt. Nun schleicht sich ein
Kind aus der Gruppe zu Bello, hebt leise den Schlüsselbund auf und setzt sich wieder an seinen Platz. Die
gesamte Gruppe ruft: „Bello, Bello dein Knochen ist
weg!" Alle Kinder nehmen dabei die Hände hinter den
Rücken. Bello nimmt die Hände von den Augen, setzt
sich vor das Kind, von dem er meint, daß es den
Schlüsselbund genommen hat, und fängt an zu bellen.
Hat er richtig geraten, geht das Kind als neuer „Bello"
in den Kreis. Hat Bello sich jedoch geirrt, so darf er
noch zweimal vor anderen Kindern bellen.
Gelingt es ihm nicht, den Besitzer des Schlüssels zu
erraten, wird ein anderes Kind ausgewählt. Das Spiel
beginnt von vorne.

Bei allen Spielen können Sie Ihrem Kind natürlich
helfen, es sollte jedoch immer zuerst selbständig ausprobieren dürfen.

Leuchtspieluhr (ab 3 Jahre)

Wieder ist die Aufmerksamkeit Ihres Kindes gefragt, denn diese batteriebetriebene Spieluhr regt Ihr Kind zum Hinsehen und -hören an. Im Dunkeln werden die bunten Figuren von der Spieluhr an die Decke reflektiert. Dabei dreht sich die Kugel. Die Uhr ist auch eine originelle Einschlafhilfe.

Musik-Mobiles (ab Geburt)

Etwas Buntes und Bewegtes regt das Neugeborene besonders zum Hinsehen und Beobachten an. Ein Mobile über dem Bett, am Laufgitter oder an einer anderen Stelle des Kinderzimmers ist darum besonders geeignet. Beim Laufen der Spieluhr dreht sich das Mobile (6 Minuten Laufzeit), so daß Ihr Kind aufmerksam hinsieht. Die pastellfarbenen Bärchen können zum Spielen abgenommen werden.

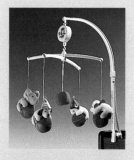

Kinderwagenanhänger
(ab 4 Monate)

Diesen Kinderwagenanhänger aus Holz mit einem Männchen können Sie am Kinderwagen oder am Laufgitter befestigen. Ihr Kind wird gern damit das Greifen und Beobachten üben.

Baby-Trapez (ab 4 Monate)

Dieses Baby-Trapez aus Holz (für Kinderbettchen und -wagen) bietet Ihrem Kind viele Möglichkeiten der Wahrnehmung: das Greifen nach den Ringen, das Hin- und Herbewegen und das Hören der kleinen Glocken.

Kinderwagenkette (ab 4 Monate)

Die Kinderwagenkette ist ebenfalls aus Holz. Durch die bunten Farben weckt sie die Aufmerksamkeit Ihres Kindes. Es lernt das gezielte Hinsehen und Greifen, wenn es nach den einzelnen Kugeln und dem Männchen fassen möchte.

Peterskind

Stielrassel (ab 4 Monate)

Mit dieser Stielrassel aus Holz kann Ihr Kind selbständig ausprobieren, wie sich gezielte Bewegungen auf den Klang der Rassel auswirken. Durch das Auf- und Abbewegen der Rassel lernt es neue Bewegungsabläufe.

Kettenrassel (ab 4 Monate)

Auch dieses Spielzeug ist aus Holz und darum besonders kinderfreundlich. Ihr Kind kann die Kettenrassel gut an den Ringen greifen und freut sich an der bekannten Gestalt des bunten Männchens.

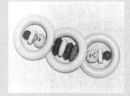

Mini-Clip-Männchen (ab 4 Monate)

Diese freundlichen Männchen sind in verschiedenen Größen erhältlich. Sie können am Kinderwagen oder anderen beliebigen Stellen befestigt werden.

Peterskind

Puzzlebox (ab 18 Monate)

Ihr Kind lernt, Formen zu erkennen und sie zuzuordnen. Es setzt seine Finger gezielt zum Drücken oder Greifen ein. Die Einsteckbox beinhaltet viele verschiedene Figuren und Zahlen. Diese können nach dem Einwerfen durch Stellen einer Uhr aus der Box wieder entnommen werden.

Telefon-Rassel (ab 18 Monate)

Ihr Kind lernt, daß es gezielt Aktionen in Gang setzen kann: Durch das Herausziehen der Antenne kann es eine Scheibe mit wechselnden Bildern in Bewegung bringen. Durch das Drücken der Zahlen wird ein Quietsch-Ton erzeugt.

Musik-Piano (ab 18 Monate)

Dieses farbenfrohe Musik-Piano weckt das Interesse Ihres Kindes. Es kann selbst aktiv werden und Neues ausprobieren, indem es die bunten Tasten drückt und damit Musik erzeugt. Die in der Kugel befindlichen Figuren setzen sich außerdem in Bewegung.

Musik-Spiel-Center
(ab 6 Monate)

Die verschiedenen Funktionen
wecken die Aufmerksamkeit
Ihres Kindes. Es kann selbständig
Ausprobieren und Entdecken.
Beim Ziehen des Griffes am
unteren Teil wird die Spieluhr
aufgezogen und Musik erklingt.
Das Spielcenter ist auch zur Be-
festigung am Laufgitter geeignet.

Baby-Trainer (ab 6 Monate)

Ihr Kind wird angeregt, sich aktiv zu bewegen. Es hebt seine
Arme und greift nach den bunten Gegenständen, die es über
sich entdeckt. Der Baby-Trainer
ist transportierbar. Die drei verschiedenen Spielsachen können
durch andere ersetzt werden.

Bärchenuhr (ab 18 Monate)

Diese Bärchenuhr regt Ihr Kind
zum Ausprobieren an. Es lernt,
bestimmte „Griffe" gezielt aus-
zuführen, um z.B. die Zeiger
und Zahnräder zu bewegen.
Außerdem wird Ihr Kind spielerisch mit der Uhr und ihrer
Aufgabe vertraut gemacht.

Musik-Mobile mit Nachtlicht (ab 3 Monate)

Diese Kombination aus Lampe und Musikwerk mit Mobile gibt Ihnen die Möglichkeit, die Teile je nach Bedarf auch einzeln zu verwenden. Wenn Ihr Kind schreit, springen Mobile, Spieluhr und Nachtlicht (soweit angeschaltet) selbständig an. Alle Funktionen stellen sich nach ca. 5 Min. ab.

Plüschspieluhren (ab 3 Monate)

Ihr Kind wird viel Freude beim Beobachten dieser beiden Plüschfiguren haben. Es lernt, Neues zu beobachten. In diesem Fall weiß es dann bald, daß sich die Form und Größe der Figuren verändert, wenn es die Musik hört. Sie ziehen sich beim Ablaufen des Musikwerkes immer mehr zusammen (Ziehharmonika-Effekt).

Rasselsöckchen

Wenn Ihr kleines Kind nach seinen Armen und Beinen greift, wird das Spiel durch diese bunten Rasselsöckchen besonders interessant. Sie sind in acht verschiedenen Motiven erhältlich, waschbar und pflegeleicht.

Holzpuzzle (ab 18 Monate)

Ihr Kind möchte ständig etwas Neues ausprobieren, experimentieren und üben. Darum sind diese Holzpuzzle, die aus wenigen Teilen bestehen, besonders gut geeignet. Ihr Kind macht Fehler und lernt daraus. Es wird bald große Freude daran haben, ein schon oft gemachtes Puzzle immer wieder zu legen. Bei den großen Puzzles (Bauernhof und Zoo) befindet sich unter den Puzzleteilen ein entsprechendes Bild, das in Verbindung mit dem gesamten Puzzle steht. Jedes Puzzlestück hat einen kleinen Stecker als Griff, der Ihrem Kind das Herausnehmen und Einsetzen der Teile erleichtert. Hierbei übt Ihr Kind u.a. das gezielte Greifen (Pinzettengriff). Außerdem lernt es den Zusammenhang zwischen den Bildern und Formen kennen.

Eßgeschirr (ab 3 Jahre)
Ihr Kind lernt, mit neuen Gegenständen umzugehen. Hierbei macht das eigenständige Ausprobieren dieses bruchsicheren Eßgeschirrs besonderen Spaß, weil es sich um Dinge des täglichen Gebrauchs handelt.

Garten-Set (ab 3 Jahre)
Beteiligen Sie Ihr Kind an verschiedenen Tätigkeiten wie Tischdecken, Aufräumen und Gartenarbeit. Ihr Kind kann Sie mit kindergerechter Schaufel und Gießkanne bei der Gartenarbeit unterstützen. Dieses Set besteht aus stabilem Kunststoff.

Eimer-Set (ab 1 1/2 Jahre)
Ob im Garten, auf dem Kinderspielplatz oder am Strand, dieses Eimer-Set mit Sandmühle ist überall gut zum Spielen einzusetzen. Ihr Kind lernt neue Formen und andere Materialien (Sand) in ihrer Beschaffenheit kennen.

HP PLAST

Sämtliche abgebildeten Produkte von Bieco (Großhandel und Importeur) sind im Spielwarenfachhandel erhältlich.

FÖRDERBEREICH 3:
Was die Hände entdecken

1. Vom Greifen und Loslassen
In den ersten Monaten nach der Geburt sind die
Händchen des Neugeborenen noch zu einer Faust
geschlossen. Dieser sogenannte „Greifreflex" besteht
nach 2 bis 3 Monaten nicht mehr.
Das Baby beginnt nun, nach Gegenständen, mit denen
es zufällig in Berührung kommt, zu greifen und sie
festzuhalten. Das Greifen, Festhalten und Loslassen
wird von dem Kind immer wieder gezielt geübt. Dabei
lernt das Kind, daß es Gegenstände beherrschen kann.
Diese ersten Greiferfahrungen sind eine gute Voraussetzung für das spätere Bauen und Hantieren mit
Gegenständen.

BESCHÄFTIGUNGSANGEBOTE (ab Geburt) :
Sie können die Vielzahl der Bewegungsfertigkeiten
Ihres Kindes spielerisch fördern. Gehen Sie dabei sehr
einfühlsam mit dem Neugeborenen um, mit ruhigen
und nicht mit hastigen Bewegungen.

Fingerklammern
• Streichen Sie mit Ihrem Finger über die Handfläche
  Ihres Kindes. Es wird mit seinen Fingern Ihren Finger kräftig umklammern. Führen Sie die Streichbewegungen in verschiedener Art fort. Beziehen Sie
  nicht nur die Handflächen Ihres Kindes, sondern die

gesamte Hand, die Unterarme und die Oberarme in die Streichbewegungen ein.

- Lassen Sie Ihr Kind mit seinen Fingern fest einen Stab umklammern. Sie können es dann daran hochziehen und langsam wieder herunterlassen.

Beziehen Sie Ihr Kind in den Rhythmus dieser Bewegungen ein, durch begleitende Worte, rhythmische Tonfolgen oder durch Singen.

Zehenklammern

- Sie legen Ihr Kind in die Rückenlage und nehmen einen Unterschenkel des Kindes in die Hand. Mit einem Finger der anderen Hand streichen Sie sanft über die Fußsohle Ihres Kindes. Es reagiert durch Beugen der Zehen. So können Sie Ihre Finger im rhythmischen Wechsel von den Zehen umklammern lassen, sie wieder daraus lösen und erneut über die Fußsohle streichen.
- Durch die abwechslungsreichen Bewegungsspiele übt Ihr Kind das Greifen und Loslassen sehr intensiv und kann die Beweglichkeit seiner Finger und Zehen entdecken und ausprobieren.

Später können Sie dann auch die „Fuß-Geschicklichkeit" Ihres Kindes fördern:

Kastanien-Fußspiel

Die selbst gesammelten Kastanien werden auf dem Boden verteilt und sollen mit den Füßen in eine Schüssel, die auch auf dem Boden steht, transportiert werden. Entweder wird eine Kastanie zwischen beide

Füße geklemmt, langsam zur Schüssel getragen und abgelegt. Oder die Kastanien werden stehend mit den Zehen gegriffen und zur Schüssel getragen.

2. Erforschen mit den Fingern
Für das Neugeborene bedeutet das „Erforschen", daß es Gegenstände anfassen und betasten muß, um sie zu „begreifen".
Dabei entwickelt sich die Hand- und Fingerbeweglichkeit so, daß das Kind vor allem Daumen und Zeigefinger gezielt, zuerst im Spiel, einzusetzen weiß. Bis zum 12. Monat entwickelt sich die Fähigkeit, den Daumen den übrigen Fingern gegenüberzustellen (Pinzettengriff). Dieser „Griff" ist auch die Voraussetzung für das Umblättern von Buchseiten in der weiteren Entwicklung.

SPIEL- UND BESCHÄFTIGUNGSANGEBOTE
(ab einem Jahr):

Zehn kleine Zappelmänner
Zehn kleine Zappelmänner zappeln hin und zappeln her,
zehn kleinen Zappelmännern fällt das gar nicht schwer.

Zehn kleine Zappelmänner zappeln auf und nieder,
zehn kleine Zappelmänner tun das immer wieder.

Zehn kleine Zappelmänner zappeln rundherum,
zehn kleine Zappelmänner finden das gar nicht dumm.

Zehn kleine Zappelmänner spielten mal Versteck,
zehn kleine Zappelmänner sind auf einmal weg.

Ein oder mehrere Kinder halten beide Hände hoch.
Die Finger sind die „Zappelmänner" und bewegen sich
entsprechend dem Text. Zum Schluß verschwinden
die Hände ganz schnell hinter dem Rücken.

Der Floh
Da kommt ein Bär, der tritt schwer.
(Die Kinder klopfen mit den Fäusten schwerfällig auf
den Tisch).

Da kommt eine Maus und läuft schnell nach Haus'.
(Mit den Fingern schnell über den Tisch laufen).

Da kommt ein Floh und macht so!
(Jedes Kind tickt seinen Nachbarn an).

Dieses Spiel können Sie mit Ihrem Kind allein oder in
einer Gruppe von Kindern spielen. Dabei wird die
Beweglichkeit der Finger ausprobiert und geübt.

Hände werden lebendig

Alter: ab 4
Teilnehmer: ab 1
Material: eine Lampe oder Kerze, eine weiße Fläche

Dunkeln Sie einen Raum ab und stellen Sie eine Lampe so vor der weißen Wand auf, daß dazwischen genügend Platz zum Bewegen bleibt. Nun zeigen Sie Ihrem Kind, wie man mit den Händen lustige Phantasiewesen und gefährliche Tiere an der Wand lebendig werden läßt. Ihr Kind entdeckt durch eigenes Ausprobieren immer neue Figuren.

3. Gestalten und Planen beim Bauen

Beim Bauen bieten sich für das Kind viele Möglichkeiten, Neues zu erfahren. Es kann seiner Phantasie freien Lauf lassen, Geschicklichkeit üben und auch physikalische Gesetzmäßigkeiten unbewußt kennenlernen. Dabei beweist das 1 1/2jährige Kind viel Ausdauer und Geschicklichkeit, wenn es immer wieder den umgefallenen Turm aufzubauen versucht oder immer andere Bauvarianten entdeckt und ausprobiert. Das Kind muß eigene Entscheidungen treffen und seine Ideen in die Tat umsetzen.

SPIEL- UND BESCHÄFTIGUNGSANGEBOTE
(ab 1 1/2 Jahre):

- Das Baumaterial sollte dem Alter Ihres Kindes entsprechen, darum bieten Sie Ihrem Kind bis zum Alter von 3 Jahren einfache Formen zum Bauen an. Die Bauklötze sollten nicht zu klein sein (ca. 4 cm Kantenlänge).

  Damit Ihr Kind die Übersicht beim Bauen behalten kann, sollten die Bauklötze in Form und Größe zueinander passen. Außerdem sollten sie glatt und splitterfrei sein.

- Fördern Sie die Gestaltungslust Ihres Kindes, indem Sie sich die Zeit nehmen, wenn es den Drang zum Bauen verspürt. Lassen Sie Ihr Kind selbst entscheiden, was und wie es bauen möchte. Zeigen Sie ihm deutlich Ihr Interesse für das Gebaute und loben Sie Ihr Kind. Denn nur dann wird es immer wieder zu neuem Ausprobieren angeregt.

- Am Anfang wird Ihr Kind einzelne Bauklötze aneinanderstellen, wobei es noch mit wenigen zufrieden ist.

  Später nimmt es dann eine größere Anzahl von Bauklötzen zum Bauen, der erste Turm entsteht, und bald werden Tunnel, Mauern, Brücken und Straßen gebaut.

  So wird Ihr Kind viel Neues ausprobieren und seine ersten Erfahrungen sammeln.

Der größte Turm

Alter: ab 1
Teilnehmer: bis 3
Material: Bauklötze

Ihr Kind (oder mehrere Kinder) versucht, mit dem zur
Verfügung stehenden Baumaterial einen Turm zu bau-
en. Je höher der Turm wird, um so schwieriger ist es,
neue Bauklötze draufzusetzen. Sind mehrere Kinder
an dem Spiel beteiligt, wird immer abwechselnd ein
Bauklotz mehr auf den eigenen Turm gesetzt. Der-
jenige, dessen Turm zuerst umfällt, darf nicht mehr
weiterbauen. Die anderen spielen weiter, bis nur noch
ein Turm steht. Nun darf jedes Kind einen Bauklotz
aus der Mitte des Turmes herausziehen, so daß auch
der letzte Turm umfällt.

- Probieren Sie mit Ihrem Kind zusammen verschiedene Bauvarianten aus, die es dann später allein
  wiederholen und erweitern kann.
- Auch anderes Spielzeug kann beim Bauen mit einbe-
  zogen werden. Es kann ein Stall für die Tiere gebaut
  werden, außerdem Garagen für die Autos und
  vieles mehr.

4. Malen und Kneten

Die Handmotorik des Kindes ist jetzt schon so weit entwickelt, daß die Tätigkeiten immer intensiver und umfangreicher werden.

Das 1 1/2jährige Kind kann seine Hand- und Fingerbewegungen erweitern, indem es durch eine gezielte Beschäftigung mit seinen Händen und Fingern Erfahrungen sammelt.

Das Malen ist dafür besonders geeignet. Auch das Kneten gehört zur Förderung der Feinmotorik, weil das Kind dabei bestimmte Finger einsetzen muß, um das Knetmaterial zu formen.

SPIEL- UND BESCHÄFTIGUNGSANGEBOTE (ab 2 Jahre):

- Geben Sie Ihrem Kind die Gelegenheit, sich mit Farben, Pinsel, Papier und Knete zu beschäftigen. Denn beim Malen und Formen von Knetmasse hat es die Möglichkeit, sich mal anders als durch Sprechen auszudrücken: Es gebraucht Arme und Hände, Muskeln entwickeln sich, Sehnen werden geschmeidig, tolpatschige Bewegungen gezielter. Hinzu kommt, daß beim Malen und Gestalten die schöpferischen Begabungen verstärkt geweckt und entwickelt werden. Ihr Kind entwickelt Farben- und Formensinn.

- Übrigens: Jedes Kind kann malen. Achten Sie darauf, daß Sie jedes „Kunstwerk" Ihres Kindes so akzeptieren, wie es ist. Denn nur so behält Ihr Kind die Lust am Malen, und das farbige Gestalten macht ihm immer wieder großen Spaß.

- Bieten Sie Ihrem Kind anfangs Fingerfarben zum Malen an. Es kommt direkt mit dem Material „Farbe" in Berührung und lernt einzelne Finger entsprechend zu bewegen.
- Geben Sie Ihrem Kind für seine ersten Malversuche die Möglichkeit, großflächig zu malen. Decken Sie den Fußboden mit alten Zeitschriften oder einer Folie ab und befestigen Sie große Packpapierbögen an der Wand.

Darauf darf Ihr Kind dann mit Fingerfarben, dicken Wachsmalbirnen oder Kreide malen. Das Papier zum Malen kann natürlich auch auf dem Boden oder auf dem Tisch mit Klebeband befestigt werden. Wichtig ist nur, daß Ihr Kind genug Platz zum Malen hat. Sie sollten Ihrem Kind zum Schutz der Kleidung einen Malkittel anziehen, ein altes Hemd eignet sich dafür prima.

- Später kann es ausprobieren, mit Pinsel und Tusche zu malen. Dabei sollte zu Beginn die „Aquarell-technik", das Naß-in-Naß-Malen, versucht werden. Zum Beispiel wird ein Haarpinsel (kein Borsten-pinsel) in viel Wasser und wenig Farbe getaucht. Das Bild bekommt dadurch helle durchsichtige Farben und weiche Verläufe. Das Papier kann auch vorher angefeuchtet werden. Die Farben werden nebeneinander gesetzt und laufen ineinander.
- Ist Ihr Kind etwas älter, kann es auch Wachsmal-stifte und Buntstifte hinzunehmen. Es entdeckt so immer neue Gestaltungsmöglichkeiten und kann

das Material bald nach Belieben auswählen.

- Für das Bemalen von Gegenständen, zum Beispiel Gläsern, Schachteln und Kartons, sind am besten Plakafarben geeignet. Beim Gestalten kann Ihr Kind seiner Phantasie freien Lauf lassen.

- Bemalte Bilder können auch mit getrockneten Blättern oder verschiedenen Formen aus buntem Papier beklebt werden. Dafür eignen sich unter anderem buntes Tonpapier und Transparentpapier.

- Machen Sie mit Ihrem Kind Hand- und Fußabdrücke. Auf die Fußsohle und die Handinnenfläche wird mit einem Pinsel Fingerfarbe (einfarbig oder bunt) aufgetragen. Anschließend werden Fuß und Hand auf weißes Papier gedrückt. Ihr Kind kann seinen Fuß und seine Hand bewußt wahrnehmen, weil ein direkter Kontakt zum Material besteht: Das Kind spürt die kalte Farbe am Körper.

- Die Hände und Füße oder auch Gegenstände können „ummalt" werden. Dazu legt Ihr Kind eine Hand mit gespreizten Fingern auf einen Bogen Papier und malt mit einem Buntstift rundherum. Variieren Sie das Spiel, indem Ihr Kind Ihre Hand ummalen darf und umgekehrt.

- Das Arbeiten mit Knete ist eine sehr beliebte und wichtige Übung für die Entwicklung der Feinmotorik Ihres Kindes. Durch das Formen der Knetmasse lernt es, seine Finger gezielt einzusetzen. Es übt, die Knete zu drücken, glatt zu streichen, auszurollen, auseinanderzureißen und zusammenzufügen. So gestaltet Ihr Kind seine bunte Welt aus Knetmasse.

Anfangs entstehen eher abstrakte Formen, später kann Ihr Kind Dinge aus seiner Umwelt formen und in das Spiel miteinbeziehen.

Bunte Bilder

Alter: ab 4
Teilnehmer: ab 1
Material: alte Zeitschriften, weißes Papier, Zeitungs-
papier, lösungsmittelfreier Klebstoff, Schere

Jedes Kind sucht sich zu einem selbstgewählten Thema (zum Beispiel Zoo, Bauernhof oder Natur) Bilder aus den alten Zeitschriften heraus. Die einzelnen Motive werden ausgeschnitten und auf dem weißen Blatt Papier zu einer „Collage" zusammengestellt. Die Einzelteile werden erst zum Schluß aufgeklebt, wenn das Bild den Vorstellungen des kleinen Künstlers entspricht.
Nehmen mehrere Kinder an dem Spiel teil, sollen die anderen den Titel des Bildes raten.

Clown

Alter: ab 4
Teilnehmer: ab 2
Material: ein Würfel, Bunt- oder Wachsmalstifte, ein
kleiner Zettel und ein Blatt Papier für jeden

Jedes Kind überlegt sich eine Zahl von eins bis sechs
und schreibt sie groß auf seinen Zettel, der offen hin-
gelegt wird. Nun wird gewürfelt. Immer wenn ein
Kind seine eigene Zahl würfelt, darf es einen Teil des
Clowns auf sein Blatt malen. Das Spiel ist beendet,
wenn ein Clown fertig ist.
Der Clown besteht aus folgenden Teilen: Körper mit
dickem Bauch, Beine, Füße mit großen Schuhen, Arme mit Händen, runder Kopf, lustige Augen, dicke
Nase, lachender Mund, Ohren, Haare und witziger
Hut mit Blume.

5. Der Gegenstand spielt mit

Ein Baby erfährt schon in den ersten Entwicklungs-
jahren, daß es sich ein Spielzeug mit Hilfe einer
Schnur heranziehen kann, ohne direkt danach greifen
zu müssen. Später benutzt es den Löffel zum Essen,
die Zahnbürste zum Zähneputzen, gebraucht eine
Schere für erste Schneideversuche oder lernt, mit einer
Schaufel Sand in einen Eimer zu schütten. So lernt das
Kind, Gegenstände zu benutzen, sie in sein Leben ein-
zubeziehen. Im Alter von etwa 2 Jahren wird die Be-

weglichkeit des Handgelenks geübt, um später besondere Tätigkeiten wie Zuschrauben, Drehen, Werfen und Fangen ohne Probleme zu bewältigen.

Das Kind kann im Spiel die vielen möglichen Handbewegungen erforschen und gezielt nutzen. So vollziehen sich viele kleine Entwicklungsschritte, die Voraussetzung für spätere Körperbewegungen sind: Die Hände eines dreijährigen Kindes sind bereits fangbereit, können einen Ball jedoch noch nicht sicher fangen.

SPIEL- UND BESCHÄFTIGUNGSANGEBOTE
(ab 2 Jahre):

- Im Laufe der Entwicklung wird Ihr Kind ständig neue Gegenstände kennenlernen, es lernt mit Ihnen umzugehen. Das Kind möchte das neu Entdeckte erforschen und seine Aufgabe oder Funktion ausprobieren. Dies geschieht vor allem im Spiel, wo der bestimmte Gegenstand zum Spielpartner wird.

- Ihr Kind lernt seine Bewegungen zu steuern, indem es ständig verschiedenartige Bewegungen ausführen muß. Das Kind benötigt zum Beispiel Bälle aus unterschiedlichem Material und verschiedener Größe. Bälle aus Stoff, Gummi, Papier und Leder fordern durch ihren Bewegungsablauf jeweils eine andere Reaktion heraus.

- Beteiligen Sie Ihr dreijähriges Kind am Tischdecken, Aufräumen und Kuchenbacken. Sein Selbstbewußtsein wird gestärkt, wenn es diese Arbeiten, die sonst nur ein Erwachsener tut, freiwillig übernehmen kann.

- Im Kleinkindalter steht das Nachahmen von Bewegungen im Vordergrund. Ihr Kind nimmt ein Vorbild als Anstoß für das eigene praktische Erproben wahr. Darum sollten Sie Ihrem Kind viel „vormachen". Anschließend soll es dann selbständig, zum Beispiel einen Ball, rollen oder prellen. Hierbei muß aber unbedingt auf das Entwicklungsalter des Kindes geachtet werden. Beginnen Sie darum mit leichten Übungen.
- Entdeckt Ihr Kind einen unbekannten „Gegenstand", zum Beispiel eine Schaukel, beginnt ein sogenannter „Problem-Lösungsversuch". Für Ihr Kind ist es von großer Bedeutung, wenn es ihm nach vielen vergeblichen Versuchen, auf die Schaukel zu kommen, ohne fremde Hilfe plötzlich gelingt. Brechen Sie diesen „Versuch" nicht vorzeitig durch Ihre Fremdhilfe ab. Geben Sie Ihrem Kind nur notwendige Anstöße zur Bewältigung des Problems.
- Lassen Sie Ihr Kind Dinge selbständig in Bewegung setzen. Es sollte darum eigenständig die Geräte eines Spielplatzes entdecken. Oder selbst für das Herbeiholen und Wegräumen seines Spielzeugs verantwortlich sein.

Kastanien-Wurf

Alter: ab 3
Teilnehmer: bis 5
Material: eine große Schüssel, Kastanien

Die Schüssel wird auf den Boden gestellt. In einigen
Metern Entfernung bilden die Kinder einen Halbkreis
um die Schüssel, sie knien sich auf den Boden. Die
Kastanien liegen vor ihnen verstreut auf dem Boden.
Nun versuchen die Kinder, hintereinander oder
gleichzeitig Kastanien in die Schüssel zu werfen.
Dabei sind Ruhe, Abschätzen der Entfernung und
Konzentration gefragt.

Kastanien-Fangspiel

Alter: ab 4
Teilnehmer: 1 oder 2 Kinder
Material: ein Becher und eine Kastanie oder Eichel
pro Kind

Jedes Kind bekommt einen Becher (Joghurtbecher), in
den es eine Kastanie legt. Die Kastanie wird im Becher
hochgeworfen und soll mit dem Becher wieder auf-
gefangen werden. Sind die Kinder älter, können sich
auch zwei Kinder gegenüberstellen und versuchen, die
Kastanie des anderen zu fangen.

Bewegen heißt Erleben

1. Erproben der Körperbeweglichkeit

Das Neugeborene hat viel Freude daran, seine eigene Körperbeweglichkeit auszuprobieren. Dazu dreht und hebt es leicht den Kopf, strampelt mit den Beinchen und streckt die Arme, vorerst nur reflexartig. Unbewußt trainiert das Kind damit seine Muskulatur im Hals-, Schulter- und Rückenbereich.

Das Kind lernt durch diese Bewegungen immer gezielter, mit seinen Körperkräften umzugehen, seine Körperbeweglichkeit zu erproben und die Bewegungsabläufe bewußt zu steuern.

BESCHÄFTIGUNGSANGEBOTE (ab Geburt):

• Die Bewegungsaktivitäten dürfen nicht durch zu enge Kleidung behindert werden. Ihr Kind sollte bequem in seinem Bett liegen und den gesamten Körper bewegen können.

• Ihr Baby versucht in der Bauchlage immer wieder seinen Kopf zu heben. Darum legen sie es oft auf den Bauch.

• Das Neugeborene reagiert auf bestimmte Reize, die Sie ihm speziell anbieten sollten. Bewegen Sie einen bunt leuchtenden Gegenstand oder eine Rassel vor den Augen Ihres auf dem Bauch oder auf dem Rücken liegenden Kindes hin und her. Dabei betrachtet es den Gegenstand aus verschiedenen

Blickwinkeln und versucht seinen Kopf seitlich zu
bewegen und zu heben.
- Legen Sie Ihrem Kind in Rückenlage die Hand
  unter den Rücken, damit es seinen Kopf und die
  Schultern gezielt heben kann.
- Ziehen Sie das Neugeborene in Rückenlage hoch,
  so daß es seinen Kopf mitnimmt. Dann legen Sie es
  langsam wieder zurück auf die Unterlage.
- Nehmen Sie Ihr kleines Kind auf den Arm und
  tanzen Sie mit ruhigen und rhythmischen Bewegungen zur Musik.

2. Spüren der eigenen Bewegungen
Das Kind spürt sich selbst, indem es seine Bewegungen bewußt wahrnimmt. Es merkt, daß etwas mit
seinem kleinen Körper passiert. Jede Berührung durch
die Mutter, das Liegen in der Wiege und das Strampeln mit den Beinen läßt das Kind seinen Körper
fühlen.
Auch die Bewegungssicherheit wird gefördert, indem
der ohnehin hohe Bewegungsdrang des Babys auf
keinen Fall eingeschränkt, sondern spielerisch
unterstützt wird.

SPIEL- UND BESCHÄFTIGUNGSANGEBOTE
(ab Geburt):
- Ihr Kind empfindet sich selbst. Denn beim Hoch-
  nehmen, Stillen, Wickeln, Anziehen und Tragen
  berühren und bewegen Sie es. Der Hautkontakt ist

sehr wichtig für Ihr Kind, da er Geborgenheit und Sicherheit vermittelt. Darum sollten Sie Ihr Kind oft herumtragen. Ändern Sie beim Tragen Ihres Kindes die Richtung, das Tempo und den Rhythmus beim Gehen oder Laufen. Ihr Kind wird jede Änderung der Bewegung mit seinen Sinnen empfinden.

- Hat Ihr Kind Freude an diesen Bewegungen, lassen Sie es bewußt mitspielen.
- Legen Sie Ihr Kind überwiegend, aber nicht ausschließlich, auf den Bauch. Wechseln Sie die Bauchlage, in der die Muskulatur des Schulter- und Nackenbereichs gestärkt wird, auch mit einer bequemen Rücken- und Seitenlage.
- Unterstützen Sie durch Beugen und Strecken die Bewegungsfähigkeit der Arme und Beine. Machen Sie dabei keine ruckartigen Bewegungen und handeln Sie niemals gegen den Willen Ihres Kindes. Sehr angenehm sind diese Arm- und Beinübungen zwei- bis dreimal nach dem Baden oder Wickeln.
- Schaukeln Sie Ihr Kind auf dem Arm und wiegen Sie es mit sanften Bewegungen. Sie heben es hoch, halten es einige Sekunden mit ausgestreckten Armen und lassen es langsam wieder herunter.

Vom vierten bis zum sechsten Monat entwickelt sich bei Ihrem Kind die Stemm- und Stützfähigkeit. Es lernt das Abdrücken, das Abstoßen, das Aufrichten. Ihr Kind hat das längere selbständige Anheben seines Kopfes schon gelernt, nun sollte es versuchen, sich dabei mit den Händen aufzustützen. In der Bauchlage ist Ihr Kind in der Lage, sich kräftig mit den Füßen gegen Ihre stützende Hand abzudrücken.

- Die erste Fortbewegungsart Ihres Kindes ist das Drehen in Bauch- und Rückenlage. Mit dieser schraubenartigen Bewegung zwischen Schultergürtel und Becken kann es seine Körperlage erstmals selbst verändern. Sie können diesen Bewegungsablauf unterstützend üben, indem Sie Ihr Baby aus der Rückenlage auf den Bauch rollen und wieder zurück. Auch das Ziehen in die Seitenlage ist eine sinnvolle Übung. Dazu lassen Sie das Kind einen Ihrer Finger greifen. Sie können es gut herumziehen und dann langsam wieder zurückrollen lassen. Bald schafft Ihr Kind das Rollen in verschiedene Lagen auch allein.
- Befindet es sich in der Rückenlage, zeigen Sie Ihm ein beliebtes Spielzeug und legen Sie es knapp außer Reichweite. So muß es sich in die Seitenlage rollen, um es zu erreichen.
- Ab dem Alter von 6 Monaten schafft Ihr Kind das Drehen in die Bauch- und Rückenlage ohne fremde Hilfe.
- Sie können Ihr Baby auch auf Ihren Arm oder auf Ihre Schultern setzen, wobei es lernt, sein Gleichgewicht wahrzunehmen.
- Legen Sie das Kind auf Ihre nackte Haut. Sein Empfindungssinn wird dabei gefördert, denn es lernt nicht nur sich selbst, sondern auch Sie zu spüren.
- Fordern Sie Ihr Kind auf, die Bewegungsmöglichkeiten seines Körpers zu erproben. Es kann den Kopf

heben und drehen, die Arme strecken, mit den
Beinen strampeln und vieles mehr.

Hoppe-hoppe-Reiter

Hoppe-hoppe-Reiter, wenn er fällt, dann schreit er,
fällt er in den Graben, ärgern ihn die Raben,
(Ihr Kind sitzt auf Ihrem Oberschenkel, während Sie
mit Ihrem Bein hoch und runter wippen und das Kind
an den Händen festhalten).

fällt er in den Sumpf, macht der Reiter plumps.
(Sie lassen Ihr Kind vom Oberschenkel nach hinten
oder zur Seite kippen, halten Sie es dabei fest und
ziehen es gleich wieder hoch).

3. Vom Krabbeln und Stehen

Auch wenn die neuentdeckte Fähigkeit des Sitzens
(etwa im 7. Monat) noch nicht ganz entwickelt ist, be-
sitzt das Neugeborene schon bald die nötige Konzentration und den Gleichgewichtssinn, um allein sitzen
zu können. Durch frühe Gleichgewichtsproben ist die
Fortbewegung im Alter von 9 Monaten möglich. Das
Baby kann „robben". Später bewegt es sich durch Krabbeln fort. Die Verlagerung der Kräfte wird gezielt ein-
gesetzt und verschafft dem Kind so die Gelegenheit,
sich optimal auf dem Boden fortzubewegen. Die Kör-
perdrehung Ihres Kindes ist eine wichtige Voraussetzung für das Krabbeln und für das spätere Sitzen.

Das 1 1/2jährige Kind bekommt so langsam eine Körperbeherrschung und kann schon bald ohne Schwierigkeiten stehen. Außerdem macht es die ersten Gehversuche und merkt, daß es noch viel üben muß, bis es sicher auf den Beinen ist.

SPIEL- UND BESCHÄFTIGUNGSANGEBOTE (ab 8 Monate):

- Motivieren Sie Ihr Kind zur Fortbewegung. Legen Sie in die Nähe des Babys einen vertrauten Gegenstand oder ein Spielzeug, womit Sie den Willen Ihres Kindes anregen, diesen Gegenstand zu erreichen.
- Helfen Sie Ihrem Kind, wenn der erste Versuch der Fortbewegung noch nicht auf Anhieb klappt, indem Sie ihm zum Abstoßen mit den Beinen den nötigen Halt geben.
- Fordern Sie Ihr Kind auf, Ihnen entgegen zu kriechen, damit es bewußt die Vorwärtsbewegung wahrnimmt.
- Lassen Sie Ihr Kind auf einem Trampolin federn, hüpfen und springen. Auch beim Balancieren auf unterschiedlichen Geräten (zum Beispiel Klettergeräte auf dem Spielplatz) lernt es, sein Gleichgewicht zu empfinden. Auch auf beweglichen Geräten kann Ihr Kind seinen Gleichgewichtssinn testen.

4. Ausprobieren neuer Bewegungsmöglichkeiten

Im Alter von 2 bis 3 Jahren möchte das Kind immer neue Hindernisse überwinden. Ob es das Klettern über Kisten oder das Erklimmen einer endlos erscheinenden Treppe ist. Es versucht, seinen Körper in das Spiel miteinzubeziehen, zum Beispiel beim Schaukeln oder beim Hängen an einem Klettergerüst. Das Kind schult sein Bewegungsempfinden und lernt sein Körpergewicht kennen. Durch verschiedene Klettersituationen kann es experimentieren, Sicherheit bekommen und wichtige Bewegungserfahrungen machen. Damit übt es das genaue Abschätzen von Höhen und Entfernungen. Kleine Erfolgserlebnisse machen Mut für neues Entdecken und Ausprobieren.

SPIEL- UND BESCHÄFTIGUNGSANGEBOTE
(ab 2 Jahre):

- Geben Sie Ihrem Kind viele Möglichkeiten zu steigen und zu klettern, nur so lernt es seine körperliche Leistungsfähigkeit einzuschätzen. Es wird dann seine eigenen Kletterausflüge starten und Erfahrungen sammeln. Machen Sie Ihrem Kind klar, daß es nur da hinaufklettern kann, wo es dann auch selbst wieder herunter kommt.
- Ihr Kind möchte erste Sprung- und Hüpferfahrungen machen. Nutzen Sie dafür Ihre Wohnung und geben Sie ihm anfangs Hilfestellung.
- Springen Sie mit Ihrem Kind über verschiedene Gegenstände, die sich in Ihrer Wohnung befinden. Machen Sie Ihr Kind dabei auf unterschiedliche

Höhen und Weiten aufmerksam. So kann es zum Beispiel Anlaufsprünge üben, indem es bis zu einer bestimmten Markierung (ein Seil oder ein Stock) läuft und im Schlußsprung landet.

- Das Springen über eine bestimmte Höhe kann über Kissen oder andere weiche Gegenstände geübt werden, so landet Ihr Kind weich, wenn der Sprungversuch noch nicht klappen sollte.
- Das Hochspringen kann spielerisch geübt werden, indem Ihr Kind eine Süßigkeit oder etwas Ähnliches „erspringen" muß. Befestigen Sie diese Süßigkeit kurz über der Griffhöhe des Kindes an einer Schnur. Ihr Kind wird versuchen, den Bonbon o. ä. mit der Hand zu greifen und herunterzuholen.
- Das Hüpfen kann durch abwechselndes Vor- und Rückwärtshüpfen von einem auf das andere Bein variiert werden. Besonders viel Spaß macht es auch zur Musik.

Steh!

Alter: ab 4
Teilnehmer: ab 4

Ein Kind geht mit einigen Schritten Abstand vor den anderen her. Es schreitet, bummelt oder läuft. Die anderen folgen ihm im gleichen Tempo. Plötzlich dreht sich das vorangehende Kind um und ruft dabei „Steh". Sofort müssen alle anderen Kinder in ihrer

Bewegung erstarren. Wer trotzdem weitergeht oder sich noch bewegt, scheidet aus. Gewonnen hat das Kind, das als letztes übrigbleibt.

Variation: Ein Kind steht still. Es dreht den sich anschleichenden Kindern den Rücken zu. Ab und zu dreht es sich um und ruft „Steh". Wird ein Kind erwischt, das sich bewegt, muß es ausscheiden. Gewonnen hat das Kind, das dem Kind am nächsten kommt oder es als erstes berührt.

Watte blasen

Alter: ab 4
Teilnehmer: ab 2
Material: Watte

Die Kinder sitzen in einem dichten Kreis um einen Tisch, auf dem ein kleines Flöckchen Watte liegt. Auf ein Kommando fangen alle an zu blasen. Die Kinder versuchen das Watteflöckchen dem anderen ins Gesicht oder an die Kleidung zu pusten. Jedes Kind, das von der Watte berührt wird, muß ein Pfand abgeben. Natürlich dürfen die Hände nicht zu Hilfe genommen werden.